W0001735

Blumen

fangen an zu blüh`n
Vöglein zwitschernd Kreise ziehn.
Schmetterlinge fliegen ihre Kür,
Ostern steht jetzt vor der Tür.

Jetzt heißt es fleißig Eier malen,
unter warmen Sonnenstrahlen.
Die legen wir dann in unser Nest
Das wird ein Spitzen- Osterfest.

Alle Kinder stim-
men nun mit ein:
„ein Hoch auf unser
Häschen Klein"!

Sandy & Ralfi

Material

Window-Color

Window-Color Glasmalfarben. Für die Konturen haben wir ausschließlich schwarzes Konturmittel benutzt.

Die kleinen Dekoteile werden auf Mobilefolie 0,4mm gemalt und nach dem Trocknen ausgeschnitten. Die Bilder für's Fenster haben wir auf Haftfolie gemalt. Die Farbe bleibt auch hier auf der Folie, die dann von alleine am Fenster haften bleibt.

Prägefolie

Für alle Teile hier im Buch haben wir Aluprägefolie 0,2mm verwendet. Es gibt im Bastelfachhandel einen speziellen Prägestift um Schriften und Ornamente einzuprägen. Verwenden Sie als Unterlage etwas weiches wie z.B. eine Moosgummiplatte. Die Folie lässt sich ganz leicht mit verschiedenen Scheren schneiden. Wir haben Zickzackscheren, Wellen- und Büttenrandscheren benutzt. Um Löcher zu stanzen funktioniert ein ganz normaler Bürolocher ganz gut.

Draht

Wir haben entweder mit Aludraht in 1, 2 oder 3mm gearbeitet. Diese Stärken lassen sich noch leicht mit der Hand oder einer kleinen Rundzange biegen. Um Spiralen zu erhalten, wickeln Sie den Draht einfach um einen Stift herum, und ziehen ihn dann ab. Die größeren Spiralen müssen Sie mit der Zange zurechtbiegen.

Kleber

2

Wir kleben fast alles mit einer Miniheißklebepistole mit Niedrigtemperatur. Der Kleber wird da nicht so heiß und die Finger bleiben verschont ;-)

So geht das Malen!

1. Legen Sie Ihre Motivvorlage unter die Haft- oder Mobilefolie. Diese mit einigen Streifen Klebeband fixieren, damit die Vorlage nicht verrutschen kann.

2. Nun die Konturfarbe auftragen. Halten Sie die Flasche knapp über die Folie und lassen die Kontur mit gleichmäßigem Druck herauslaufen. Der Strich muss geschlossen und darf nicht zu dünn sein.

3. Nach dem Trocknen der Kontur (ca. 3 Std.) füllen Sie die einzelnen Felder mit Farbe aus. Tragen Sie die Farben reichlich auf. Kleine Blasen können Sie mit einem Zahnstocher zerstechen. Flimmer wird in die noch feuchte Farbe gestreut. Um einen Verlaufseffekt zu erreichen ziehen Sie die Farben mit dem Zahnstocher ein wenig ineinander. Nach einer Trockenzeit von ca.10 Stunden können Sie die fertig gemalten Teile ausschneiden..

ALLES RÜBE

Window-Color: Maigrün, Saftgrün, Gelb, Orange, Rot
Kontur schwarz, Mobilefolie

Schale: Holzschale 19,5x19,5 cm
Bastelfarben Hell- & Dunkelgrün, Filz Hellgrün

Schale kreuz und quer bemalen. Filzstreifen 3,5x22 cm ausschneiden, in der Mitte zusammenfassen und auf die Schale kleben. Karotte über die Mitte platzieren.

Windlicht: Filzstreifen Hellgrün 3x20 cm, Glaswindlicht

Serviettenringe: Filzstreifen Hellgrün 6x12 cm

Flaschenanhänger: Filzstück Hellgrün 12x10 cm wellig ausgeschnitten, Prägefolie, Satinband Grün ca. 70cm

Kranz: Grüner geflochtener Kranz Ø 15cm, Prägefolie
Satinband Grün ca. 1,5 m
Filzstück Hellgrün 4x12 cm.

Karotten auf Prägefolie kleben, diese mit einem schmalen Rand ausschneiden und auf den Kranz kleben. Filzstück mittig zusammenfassen und mit dem Satinband befestigen.

DIE 3 AUS DEM OSTERLAND

Window-Color: Weiß, Gelb, Orange, Pink, Hell- u. Dunkelgrün, Rot
Türkis, Dunkelblau, Braun, Kontur Schwarz, Weiß

Material: Mobilefolie 0,4mm, Aludraht 2mm
3 kleine Granitsteine, Prägefolie

Wir sind wieder da, wie wunderbar
Ganspar, Langohr & Hahntasar!
Ihr habt es sicher gleich erkannt,
wir sind die drei aus dem Osterland.
Jeder hat ein Geschenk dabei,
Schoko, Lolli und Osterei!

Malen Sie diese 3 witzigen Tischgesellen auf Mobilefolie und schneiden
diese aus.

Gockel Hahntasar bekommt noch ein silbernes „Gewand" aus
Prägefolie, die Streifen werden eingeprägt. Die Granitsteinchen
bekommt man im Baumarkt oder Garten-Center, sind allerdings
etwas schwer zu bohren. Natürlich können Sie auch Holzklötzchen
verwenden!

Mit einem entsprechenden Bohrer Löcher bohren und Aludraht (je ca.
20cm) mit Heißleim einkleben. Die Spiralform erhalten Sie indem Sie
die Drahtstücke um einen Stift wickeln und anschließend auseinan-
derziehen. Lassen Sie am oberen Ende ca. 3cm gerade, um die
Figuren anzukleben.

HÄSCHEN HOPPS

Window-Color: Gelb, Hellbraun, Mittelbraun, Hautfarbe, Weiß, Pink
Bernstein, Orange, Kontur Schwarz, Mobilefolie
Haftfolie für den großen Hasen

*Häschen Hopps ist noch ein kleiner Osterhase.
Deshalb wird von den anderen das „Nesthäschen" genannt!*

Anhänger: Aludraht 2mm, 2 Holzperlen 8mm, 1 Holzperle 12mm

Stanzen Sie in den fertig gemalten Hasen
oben und unten mit dem Locher zwei Löcher.
Den Draht nach Vorlage auf dem Bogen
biegen, die Holzperlen aufziehen und in
die beiden Löcher einhängen.

Schale: Wellpappe Gelb, Prägefolie
Aludraht 2mm
Naturbast Gelb

Aus der Wellpappe einen Kreis mit
Ø 16,5 cm ausschneiden. Dazu noch einen
Streifen von 50x6 cm. Die Prägefolie auf 50x 9 cm
zuschneiden. Schneiden Sie diese mit der Schere
oben großzügig wellig aus. Mit dem Prägestift die
Wellen nahe am Rand nachprägen und eine Punktelinie
eindrücken. Kleben Sie den Streifen Wellpappe auf die
Prägefolie, fassen beide zusammen (ca.2cm überlappend) und
kleben sie auf den Kreis aus Wellpappe. Nun 3 kleine Karotten
prägen. Drei Stück Draht nach Vorlage auf dem Bogen biegen,
Karotten einhaken und in die Schale kleben. 3 fertige
Häschen auf die Schale kleben und zur Verzierung
unten noch ein wenig
Naturbast umbinden.

DAS SCHÄFCHEN WOLLI

Window-Color: Weiß, Grau, Bernstein, Pink
Kontur Schwarz, Mobilefolie

Osterschale: Holzschale 24,5 x 24,5cm, Prägefolie, Bastelfarbe
Weiß, Elfenbein, Hellbraun, breiter Flachpinsel

Mit dem breiten Pinsel bemalen Sie die Holzschale kreuz und quer.
Farben grob ineinander streichen. Aus der Prägefolie ein Herz ausschneiden und ankleben. Zwei Schäfchen mit Heißkleber befestigen

Kerze: Tontöpfchen 5cm, Eikerze in Hellbraun
2 Schäfchen links und rechts ankleben.

Heuballen: Kleiner Heuballen ca. 7cm, Aludraht 2mm,
Prägefolie, kurzer Holzstab

Biegen Sie nach Vorlage auf dem Bogen fünf unterschiedlich lange
Spiralen. Aus der Prägefolie 5 Herzchen ausschneiden und in die
Spiralen einhaken. Lämmchen an den Holzstab kleben und in den
Heuballen stecken. Außen herum die Drahtstücke mit ein wenig
Heißkleber in den Heuballen einstecken.

NAMENS-SCHILDCHEN

Window-Color: Weiß, Haut, Pink, Rot, Hellbraun, Kristallklar
Perlmuttflimmer, Kontur Schwarz & Weiß
Mobilefolie

Zubehör: Aludraht 2mm, Bindedraht für Fühler
2 Holzperlen 8mm, Prägefolie
kleine Töpfchen ca. 7cm.

Stechen Sie bei dem Käfer mit einer Stecknadel zwei kleine Löcher oben in den Kopf und befestigen die Drahtstückchen daran. Am Ende zwei Holzperlen aufkleben.

Den Aludraht über einen Stift wickeln und abziehen. So bekommen Sie eine schöne Spirale ohne viel Aufwand. Die Schildchen mit weißer Kontur beschriften und den Draht mit Heißkleber ankleben.

PAUL PÜNKTCHEN

Window-Color: Weiß, Haut, Orange, Pink, Rot, Schwarz
Kontur Schwarz, Mobilefolie

„Jetzt mach aber mal nen Punkt"!
„Wieso?", fragt Paul „ich hab doch schon vier!" ;-)

Topf: Holztopf ca. 16 cm hoch, weiße Bastelfarbe
Prägefolie, Draht 2mm, Büttenrandschere

Bemalen Sie den Topf mit der Bastelfarbe. Die Prägefolie 12x10 cm
mit der Büttenrandschere ausschneiden und mit dem Prägestift
noch ein wenig verzieren. Auf den Topf kleben. In den Topfrand 2 kleine
Löcher bohren, 2 Drahtstücke einstecken und ungleich biegen. In
einen fertigen Käfer zwei Löcher stanzen und Draht einhängen.

Karte: Wellpappe Weiß, Prägefolie, Draht 1mm
Satinband Weiß 50cm

Schneiden Sie die Wellpappe auf 24 x 17 cm zu und knicken diese in
der Mitte. Prägefolie auf 9x10cm mit der Büttenrandschere
zuschneiden und auf die Karte kleben. Aus dem dünnen Draht
Schriftzug formen und mit Heißkleber ankleben. Käfer aufsetzen,
Loch stanzen und Satinband als Schleife binden.

Flaschenanhänger: Prägefolie, Draht 2mm

Prägefolie mit der Büttenrandschere auf ca. 7x10 cm zuschneiden,
Loch stanzen, Käfer aufkleben und mit dem Draht an einer Flasche
befestigen.

Dekoteil: Holzklotz ca.7x6 cm, Baselfarbe Weiß
Draht 2mm

Bemalen Sie den Holzklotz und bohren ein kleines
Loch oben in die Mitte. Den Draht nach Vorlage
auf dem Bogen zurechtbiegen, Käfer einhängen
und in das Löchchen kleben.

WENN WIEDER BLÜMCHEN BLÜH`N

Window-Color: Weiß, Haut, Orange, Pink, Gelb, Bernstein, Rot, Türkis
Hell- & Dunkelblau, Hell- & Dunkelgrün, Mittelbraun
Kontur Schwarz

Material: Haftfolie, Hologrammflimmer Blau, Aludraht 2mm
2 Kunstmargeriten

Malen Sie das Mädchen auf die Haftfolie. In die feuchte Farbe den Flimmer einstreuen. Nachdem die Farbe gut getrocknet ist, schneiden Sie das Bild mit der Haftfolie aus und kleben mit Heißkleber den Draht mit den Blumen vorne auf.

Sie bringen immer wieder Farbe ins Haus, diese kleinen Flatterlinge. Die Window-Color Tuben müssen Sie aber selber besorgen! *grins*

Mobile: Bambusstab
Aludraht 1mm & 2mm
Designdraht Schwarz
Satinband Gelb, Federn

Biegen Sie die Fühler der Schmetterlinge aus dem schwarzen Draht und kleben diese hinten am Kopf an. Aus dem dicken Draht 3 Spiralen nach Vorlage formen und die Teile mit dem Satinband verbinden. Federn mit Heißkleber ankleben. Den dünnen Aludraht als Aufhänger verwenden.

Topf: Runder Holztopf Ø 13cm
Bastelfarbe Gelb, Orange, Pink
Prägefolie

Bemalen Sie den Topf mit einem breiten Flachpinsel kreuz und quer. Aus der Prägefolie einen Streifen 1x41 cm schneiden und kurz unter dem oberen Rand ankleben. Schmetterling mit Heißkleber am Topf befestigen.

SCHMETTERLINGE

Window-Color: Weiß, Haut, Pink, Schwarz, verschieden bunte Farben für die Flügel, Kontur Schwarz, Mobilefolie

ALLE MEINE HÜHNCHEN....

Window-Color: Weiß, Gelb, Orange, Rot, Bernstein, Hellbraun
Pink, Kontur schwarz, Mobilefolie

Bild: Wellpappe gelb, Prägefolie, Naturbast
Aludraht in 1 & 2 mm

Zwei Wellpapperahmen 17x17cm mit einem 3 cm starken Rahmen
zurechtschneiden und gegengleich zusammenkleben. Zwei Streifen
Prägefolie 1x16 cm ausschneiden und hinten an die Wellpappe kleben.
Hühnchen auf die Streifen kleben. Aus dünnem Draht 2 Spiralen bie-
gen, links und rechts aufkleben. Aus dem 2mm Draht Spirale biegen,
Wellpappe lochen und Drahtteil einhängen. Bild mit Bast aufhängen.

Laterne: Minilaternenset, Wellpappe gelb, Aludraht 1mm
Prägefolie, 3 Holzkugeln 3,5cm, Bastelfarbe weiß.

Laterne zusammenkleben, an drei Seiten die dazugehörige Mobilefolie
einkleben. Hühnchen ans 4. Fenster von außen aufkleben. Holzkugeln
bemalen und unten ankleben. 4 Drahtspiralen biegen und in die oberen
Ecken einkleben. Prägefolienstückchen einhängen.

Töpfchen: Kleiner Tontopf Ø 7cm mit Untersetzer
Prägefolie, Naturbast, Holzstäbchen
Bastelfarbe Weiß & Gelb

Töpfchen farbig bemalen, Prägefolienstreifen 0,5 x 23cm um den Topf
kleben. Hühnchen am Holzstab festkleben und in den Bast stecken.

Namensschild: Styroporapfel, Draht 2mm, Bastelfarbe in Gelb,
Orange & Rot, Prägefolie

Apfel bemalen, Draht über einen Stift wickeln, abziehen und in den
Apfel stecken. Hühnchen oben mit Heißkleber befestigen.
Namen auf die Folie einprägen, Schild ausschneiden und
mit einer Stecknadel am Apfel befestigen.

KAROTTENHELD

Window-Color: Weiß, Haut, Gelb, Orange, Rot, Pink Hell-
& Dunkelgrün, Hell- & Mittelbraun
Kontur Schwarz, Mobilefolie

Material: Prägefolie, Wellpappe Hellgrün, Aludraht
1 & 2mm, Büttenrandschere

*Glauben Sie ja nicht, das Heinchen Hase
unter der Karotte steht! ;-)
Er lebt auf großem Fuße und benötigt daher
die richtige Pantoffel-, bzw. Karottengröße.*

Die äußere Rahmengröße beträgt 39x39cm, wobei die
Wellpappe an allen Seiten 5cm breit ist. Um eine möglichst
gute Stabilität zu erhalten, kleben Sie 2 Rahmen aneinan-
der, wobei die Wellstruktur einmal senkrecht, einmal waag-
recht verlaufen sollte! Dazwischen liegt die etwa 35x35cm
große Mobilefolie. Schneiden Sie nun 4 Streifen Prägefolie
2,5x 32cm mit einer Musterschere, z.B. Büttenrand, aus
und kleben diese so auf die Mobilefolie das sie etwa 1,5cm
hinter der Wellpappe vorstehen.

Die Drahtrübe biegen Sie nach dem Vorlagebogen mit 2 verschieden starken Aludrähten.

Zum Aufhängen haben wir ebenfalls Draht verwendet. Oben in den Rahmen je links und rechts
ein Loch einstanzen.

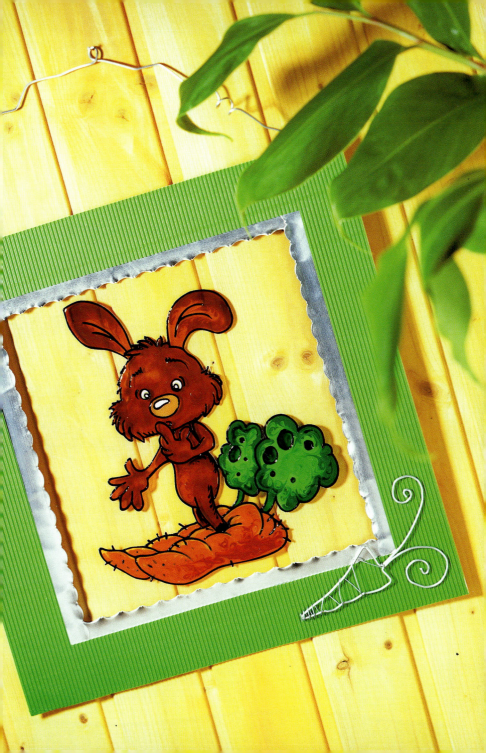

OSTERN ZIEHT INS LAND

Window-Color: 3 Grüntöne, Hell- u. Dunkelbraun, Rot, Orange
Hellblau, Mittelblau, Grau, Pink, Weiß
Kontur Schwarz

Material: Mobilefolie 0,4mm, Prägefolie Silber, Aludraht 1mm

24

Diese idyllische Osterlandschaft eignet sich gut für den dekorierten Esstisch oder für's Sideboard.

Schneiden Sie 3 Rechtecke aus Mobilefolie mit je ca. 22x17cm aus und bemalen diese nach Vorlage. Während das Motiv trocknet bereiten Sie den Rand aus Prägefolie vor. Man benötigt 6 Streifen 22x3cm und 2 Streifen 17x3cm, die mit einer Motivschere, z.B. Welle, ausgeschnitten werden. Diese mittig der Länge nach knicken und mit Heißleim um die Mobilefolie ankleben. Jetzt werden die 3 Bildteile noch verbunden. Dazu stanzen Sie ca. 5mm von den Rändern, die keinen Prägefolienrand haben, nach Belieben Löcher ein (je ca. 17 Stk. pro Rand) und fädeln den dünnen Aludraht wie ein Ringbuch ein. Die Enden etwas verdrahten!

KEINE FEIER OHNE EIER!

Window-Color: Weiß, Schwarz, Braun, Rot, Gelb, Orange, Pink, Haut
Hellgrün, Hellblau, Kontur Schwarz

Material: Mobilefolie 0,4mm , Aludraht 2mm, Prägefolie Silber
Juteband Maigrün 5,5x60cm, Blumentöpfchen Rand
Ø=7cm, bisschen Heu, künstl. Margeritenblüte
6 orangene Holzperlen Ø=10mm
Satinbändchen weiß 4mm ca. 1,30m lang

*Hühnereier sind ja jedem ein Begriff. Doch wer kennt schon Haseneier, oder gar Käfereier?
Naja, man muss sie ja nicht kennen sondern malen! ;-)*

Alle Eier werden auf Mobilefolie gemalt und ausgeschnitten.

Hühnereier: Der Hahnenkamm wird nach Vorlage aus Draht gebogen. Hühner mit Heißleim auf das Band kleben. Mit Prägefolie schneiden Sie eine Spitze (9x9x5,5cm) und ein Rechteck (3,5x5,5cm) aus. Den Aufhänger aus ca. 40cm Draht biegen.

Hasenei: Mit Heißleim seitlich im Topf die Figur einkleben. Zum Verzieren füllen Sie das Töpfchen mit Heu oder Stroh auf.

Käferei: Mit 6 Stückchen Aludraht ca. 3cm, an deren Enden die Holzkugeln aufgeklebt werden, fertigen Sie die Fühler. Ebenfalls aus Draht, ca. 40cm, biegen Sie nach Vorlage den Aufhänger. Daran werden die Figuren mit den Bändchen (14, 22, 42cm) aufgehängt. Das Restband dient zum Aufhängen des gesamten Mobiles.

BRÜDERCHEN ODER SCHWESTERCHEN?

„Halooooo?" Karli Küken fragt sich, ob er nun ein Brüderchen oder ein Schwesterchen kriegt. Aber eigentlich ist ihm das egal. Auf jeden Fall freut er sich, das er nicht mehr alleine ist.

Window-Color: Weiß, Gelb, Orange, Hell- u. Dunkelgrün Schwarz, Kontur Schwarz

Material: Haftfolie

Karli und sein Geschwisterchen malen Sie am besten auf Haftfolie. So lässt sich das Bild leichter wieder abziehen und eventuell in einer Klarsichthülle für nächstes Jahr aufbewahren.

Das Gras malen Sie oben mit Hell-, unten mit Dunkelgrün. Mit einem Zahnstocher etwas ineinanderrühren. Ähnlich verfahren Sie bei der „Eischattierung" mit etwas Schwarz.

EIN LEUCHTER VOLLER TIERE

Window-Color: Haut, Rosé, Hell- u. Grasgrün, Türkis, Royalblau
Gelb, Hellbraun, Ocker, Orange, Rot, Schwarz
Weiß, Grau, Flieder, Hellblau
Kontur Schwarz, Weiß

Material: Mobilefolie 0,4mm, Kronleuchter,
Satinbändchen Weiß 4mm ca. 160cm lang
Draht Schwarz 1mm, ca. 10 Eierkerzen

Eene meene Muh
Häschen, Pferd und Kuh
Gans und Mister Schmetterling
Hängen an dem Silberding
Dieses Ding, es macht uns Licht
Sag noch einer: „Eier leuchten nicht!"

Alle Tiere, Möhren, Blumen und Eierkorb werden auf Mobilefolie gemalt und ausgeschnitten. Mit dem Locher oder Stanzeisen jeweils ein Loch für das Bändchen ausdrücken. Mister Schmetterling hat Fühler aus schwarzem Draht, je 10cm/Stück. Zur Spirale rollen und mit Heißleim ankleben. Alle Window-Color Motive hängen Sie mit den Bändchen auf. Natürlich können Sie den Leuchter noch mit floristischem Allerlei verzieren. Wir haben Radieschen und eine Margeritenblüte verwendet. Anstelle von „normalen" Kerzen können Sie Eierkerzen in die Halterungen stellen, bei Bedarf etwas ankleben!

Weitere Frühlingsbücher:

Frühlingsgefühle
Eike Schult
Modellierte Frühlings- und
Osterdekoration
ISBN 3-935467-16-8
Best.Nr. 67168

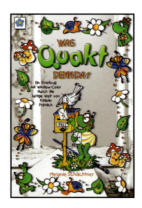

Was quakt denn da?
Melanie Schächtner
Window-Color mit Fridolin
Fröhlich & Freunden
ISBN 3-935467-14-1
Best.Nr. 67141

Ach du liebes Federvieh!
Susanne Scholz
Window-Color &
Materialmix
ISBN 3-935467-17-6
Best.Nr. 67176

Laubanger 19b 96052 Bamberg **Vielseidig Verlag** GmbH Tel. 0951/ 6 89 97
Fax. 0951/ 60 32 99